DICHTUNGSRING - Sondernummer

Juni 2018

DICHTUNGSRING - Sondernummer

Juni 2018

Ines Hagemeyer

Gedichte

in der Literaturzeitschrift DICHTUNGSRING
1984-2017

Impressum

Dichtungsring	Gegründet 1981 v. Alfons Knauth et al.
Sondernummer 2018	Ines Hagemeyer – Gedichte
(Nr. 53)	im Dichtungsring 1984-2017
Herausgeber der Nummer	Die Redaktion
Layout, Satz	Michael Kohl, Ulrich Bergmann

Fotos: Ulrich Bergmann, Rainer Maria Gassen

Redaktion und Autorengruppe
Ulrich Bergmann, Werner Brand, Rainer Maria Gassen,
Ines Hagemeyer, Franz Hofner, Alfons Knauth, Michael Kohl,
Rita Kupfer, Monika Lamers, Werner Pelzer, Francisca Ricinski,
Horst Saul, Susanne Schmincke, Cornelius van Alsum.

Redaktionsadresse
Dichtungsring e.V.,
c/o Ulrich Bergmann, Aloys-Schulte-Straße 34, 53129 Bonn
redaktion@dichtungsring-ev.de / www.dichtungsring-ev.de

Bankverbindung	Sparkasse Köln Bonn
	IBAN: DE 22 3705 0198 0145 0144 37
	BIC: COLS DE 33
	UST-ID: DE 122661493

2. Auflage
mit freundlicher Genehmigung des Herausgebers
© Copyright bei der Autorin, 2019
ISBN 978-3-7482-2212-5
Verlag und Druck: tredition GmbH, Hamburg

Ines Hagemeyer – Präsentation des 45. Dichtungsrings
(*Globoglossolalie*), Parkbuchhandlung Bad Godesberg

Vorwort

Bonn, 26.2.2006
Lieber Ulrich,
... Was die Gründung des Dichtungsrings angeht, kann ich mich nur daran erinnern, dass mich Prof. Picard (damals Bonn) in Madrid besuchte, er hielt einen Vortrag im Goethe-Institut, und mir riet: „Ines, da gibt es einen jüngeren Kollegen von mir, der gerade eine Zeitschrift gegründet hat. Da gehörst du hin. Schicke ihm deine Gedichte. Ihr werdet euch gut verstehen." Der Kollege war Alfons. Das Datum des Gesprächs war der 24. Oktober 1981. Das weiß ich, wissen wir beide so genau, weil es der Geburtstag von unserem Sohn war und wir dann gemeinsam zur Feier des Tages essen gingen. Also muss der DR im Sommersemester gegründet worden sein ... denn es gab schon eine Ausgabe oder zwei ... Herzliche Grüße. Ines

Die erste Veröffentlichung Ines Hagemeyers im Dichtungsring gab es in Nr. 6 (1984).

Der Gründer des Dichtungsrings erinnert sich in einem kleinen Essay über die Anfänge der Literaturzeitschrift: „Aus Bonn kamen die - für mich bedeutendsten - Dichterinnen eje winter, Barbara Musial und etwas später Ines Hagemeyer hinzu ..." (Alfons Knauth in einem Brief an den Verf. vom 12.5.2006)

Ines ist in der Hauptsache Lyrikerin. Sie veröffentlichte im Dichtungsring nur selten andere Texte, etwa eine Rezension oder ein persönliches Statement zur Zukunft unserer Zeitschrift. Der Dichtungsring ist für sie eine wichtige Sache, sowohl die Autorengruppe als auch die Mitarbeit an der Zeitschrift. Das sind die etwa monatlichen Redaktionssitzungen, die Stunden dauern können, in denen viele organisatorische Dinge besprochen werden, aber auch literarische Diskussionen stattfinden über eingesandte Texte und Themen unserer Ausgaben.

Es ist keine Übertreibung, wenn ich behaupte, dass sie unsere treueste Dichtungsringerin ist. Meines Wissens hat sie nie bei einer Veranstaltung des Dichtungsrings gefehlt (Präsentation neuer Ausgaben, Jubiläen, Lesungen mit Beteiligung von Dichtungsringern etc.). Über Literatur und ihre ästhetischen und gesellschaftlichen Funktionen diskutiert sie leidenschaftlich gern. Und das oft mit einigem Humor. In den Redaktionssitzungen und in persönlichen Angelegenheiten unserer Autorengruppe ist sie eine hervorragende Vermittlerin in sachlichen und persönlichen Auseinandersetzungen.

Ines Hagemeyer, Sprachlehrerin und Übersetzerin – zuletzt am Goethe-Institut in Bonn-Bad Godesberg –, stammt aus Montevideo in Uruguay; sie ist aber noch in Berlin geboren, kurz bevor ihre Eltern Deutschland verließen, um der lebensbedrohenden Verfolgung zu entgehen. So spricht und schreibt sie Spanisch wie die deutsche Muttersprache. Die südamerikanische Mentalität hat sichtbar abgefärbt auf sie. Durch ihre Arbeit kam sie nach Spanien und Deutschland. Ihren westfälischen Mann lernte sie in Montevideo kennen. Sie heiratete ihn, wurde in Bonn-Holzlar sesshaft und gründete mit ihm eine Familie. Und schloss sich dem Dichtungsring an.

Als eine Mehrheit der Dichtungsringer sich eine demokratische Verfassung geben wollte, kam es zur Gründung des Dichtungsring e. V. am 8.3.1992 in

Bonn bei eje winter (d. i. Elke Trefz-Winter). Die Gründungsmitglieder waren: Ingo Kottmayr, Dieter Pougin, Elke Trefz-Winter, Ines Hagemeyer, Irmtraut Petersson, Barbara Dunkel (alias Barbara Musial), Ulrich Bergmann, Alfons Knauth, Gisela Zimmer, und Gerd Willée als Versammlungsleiter.

Ines ist seit vielen Jahren unsere Pressechefin, im Vorstand war sie 1992-94 (als Schatzmeisterin) und seit Januar 2015 ist sie erneut im dreiköpfigen Vorstand. Sie wird auch in ihrem neunten Lebensjahrzehnt, das sie nun beginnt, im Vorstand mitarbeiten.

Sie war auch dabei, als die Dichtungsringer im April 1993 die ostbelgische Literaturzeitschrift *Krautgarten* in St. Vith besuchten. Und im Oktober 2006 kamen die ostbelgischen Freunde, Bruno Kartheuser, Leo Gillessen und Robert Schaus als Spitze des *Krautgartens* zum 25-jährigen Jubliäum des *Dichtungsrings* nach Bonn. Mit Ines fuhr ich mehrmals zu Sommerfesten des *Krautgartens*, zuletzt ein Jahr vor dem bedauerlichen Ende des *Krautgartens* im Jahre 2017.

Als Übersetzerin aus dem Spanischen wirkte Ines mit an der *Dichtungsring*-Sondernummer zu dem letzten damals noch lebenden Surrealisten Enrique Gómez-Correa – *Die verloren geglaubten Sachen* (26/1996: *Cinco poemas secretos*).

Als Lektorin arbeitete sie mit an der von Mario Markus herausgegebenen *Dichtungsring*-Sonder-nummer *Poesia Latinoamericana* (Nr. 37/2009).

Sie war bisher Mitherausgeberin folgender *Dichtungsring*-Ausgaben:

ZwischenMensch (34/2006 – mit Ulrich Bergmann, eje winter, Gerd Willée);
Körper (36/2008 – mit Gerd Willée)
Unrast (39/2010 – mit eje winter);
Globoglossolalie (45/2015 – mit Ulrich Bergmann;
Im Labyrinth (46/2015 – mit Ulrich Bergmann);
Tauende Steine (Gedichte aus dem Nachlass von Helma Cardauns – *Dichtungsring* Sondernummer 51/2017 – mit Ulrich Bergmann).

Ihre Bücher erschienen im POP-Verlag von Traian Pop, Ludwigsburg (alle mit Tusche-Zeichnungen von PAPI):

Bewohnte Stille (2007; Nachwort: Alfons Knauth);
aus dem Gefährt das dir Träume auflädt (2011; Nachwort: eje winter); *handverlesen* (2015; Nachwort: Ulrich Bergmann).

In den Gedichten Ines Hagemeyers geht es oft um Lebensrückblick, Lebenssumme, Erinnerungen, Schmerz, Überwindung, Verdrängung, und alle diese schweren Dinge. Auch Selbstdeutung. Aber es steht in einem der Gedichte (*irreal*):

fänd ich den Zauberweg dahin
zu dem der ich mal war
trieb ich die Unrast aus
wodurch ich eiligst wuchs
verworfen hätt ich längst den Alp
der sich in mir vergrub
löste den Knoten
der mich zum Schweigen zwang
und würde sprechen

Es ist das ganze Leben, nicht nur ein erlebter Teil, nicht nur die politische Vergangenheit und der Tod, der Meister aus Deutschland, ist das Thema ... Flucht: „aus der Wiege gespült | an einen weißen Strand ...“ und zweisprachige Kindheit: das familiäre Deutsch einerseits, Spanisch in Uruguay andererseits: „bezweifelte Einwurzelung“ (*Rückblende*). So wird die Sprache die eigentliche Heimat, obwohl auch immer wieder ein „Absturz der Worte“ (*inhärent*) droht – das Nichtbegreifenkönnen des erfahrenen Grauens. Nichts aber wäre das Leben ohne das Suchen nach Worten und Sätzen, um die eigene Existenz und die Fremde zu begreifen, die uns umgibt, und die „Erschütterung | die dich zwischen Tür & Angel | kalt erwischt hat“ ... „die ererbte Asche | aus heiterem Himmel“. Asche und Sand ... sind nicht zu tragen ohne Hoffnung: „die Last deiner Väter | gebeugt zu tragen | brauchst du nicht mehr“ (*Vision II*). Aber quälend vertraut bleiben die „langen Schatten der Mythen“ - und der eigene Tod am Ende des Lebens.

Es liegt manchmal eine Melancholie in den Versen, deren Schönheit bedrohlich gleißt und in die Augen brennt. Schmerzende Wahrheit: homo homini lupus. Und doch – die Kindheit war „nicht nur Schatten und Alb“, es gab „bunte Blätter“ und duftende Erde (*Herbst*). Und es gibt die Poesie der Sprache! Im „Lied für Gitarre“ heißt es: „was das Gedicht sagt | wenn es schweigt | hüllt sich in Stille | ohne zu verstummen“. Also gibt es doch Hoffnung auf Sagbares und auf Verstehen, auf Übersetzung der Stille in Wissen und Antwort. In einem der schönsten Gedichte, „Lied für Madrid“, scheint das Leben hart und starr und leblos, und doch gibt es

in meinem Wald aus Stein
benetzte Utopie
weht sanft eine Brise
trägt meine Haut ein Lied

Es geht um die großen Fragen im Leben: wie kann ich
überhaupt etwas erkennen, warum lebe ich, was be-
deuten meine Träume, was bedeuten die Schatten in
meinem Herzen, in meinem Gehirn, in meinem Den-
ken, in meinem Fühlen, in meiner Erinnerung ...

Auch das Schreiben und die Literatur ist ein Thema in
den Gedichten. Die Poesie ist ein Erkenntnismittel. Sie
hilft, mit dem Leben konstruktiv fertig zu werden oder
es wenigstens auszuhalten. Ja, manchmal erschaffen
die Worte das Leben, oder sie machen es farbiger,
wertvoller. Keine fragwürdige Verdrängung ist ge-
meint, sondern Bewusstwerdung in der Schönheit von
Form und Bild, also der Wahrheit, so gut sie der
Schreibende und der Lesende zu verstehen vermag.

Noch wichtiger als Schreiben und Lesen ist die tätige
Poesie der Liebe zwischen zwei Menschen. Sie kann,
sie soll auch zur großen sozialen Liebe für alle werden.
Politik als Poesie! (So sieht es der Philosoph Richard
Rorty.) Mit der Liebe im Kleinen müssen wir begin-
nen. Sie rettet uns als Einzelne, trotz aller Schwierig-
keiten und allen Scheiterns.

Sanft deutet das ein und andere Gedicht auf die Mög-
lichkeit einer besseren Welt hin: „Gewehre krümmen
sich ... Ophelia steigt aus dem Wasser ... & fällt mir in
die Arme". Deswegen gilt:

brich dein Schweigen
wirf ein Wort in den Ring
und bring dich in Stellung

Und der eigene Tod? In einigen Gedichten taucht die
Nähe des Todes auf. Er kann nur überdauert werden
durch das Werk, durch das Geschriebene, durch die
Verse, die Gedichte, die Gedanken, die Ideen ... viel-
leicht auch durch die Liebe, die einem anderen gege-
ben wird, die nun weiter wirkt im anderen. Oder ...
wenns zu weit kommt, so heißt es augenzwinkernd

& meditierend

wird der Tag kommen
an dem hinter dem Wort
Wärme & Brise
mich heimlich davontragen
& wenns zu weit kommt
werd ich das Schweigen
übersetzen

Solche Gedichte können in einem Atemzug genannt
werden mit der Poesie von Nelly Sachs.
Alles gelingt so großartig in den Bildern, in der Spra-
che, in den Gedanken!

Ulrich Bergmann

notiert

Kein Schrottplatz.
Dennoch. Abgelegt.
Zeichen. Untergang.
Mond. Seitenverkehrt.
Wärme. Unfrei.
Flußbett. Trocken.
Dursten. Fremdsein.
Randstreifen.
Abschied. Vorläufig.
Aussteiger.

WAHN 81

Mit den fünf Meeren
und der Wellen Schaum
wollt ich der Welt
den Kopf waschen.

Mit eingedrehtem Haar
von den zehn Weisen
mir die Kastanien holen

Mit einer Locke in der Hand
durch Gitter schaun
und zählend auf dich warten.

Vision III

Kein Vogelgesang
Kein Kindergeschrei
Nunmehr hängende
Rosenköpfe
Am Boden gelähmt
durch den Heulton verdammt
nur umherliegend
Menschen, Reste

unterwegs 6

n i r g e n d w o h e r
nachnirgendwohin
darwinundmendel-
gezeichnet/Samsa,
streichle dein
Haupt

Juni

Ellenbogen stumpfen ab
bäuchlings faßt man
Gedanken aus der Sonne
bringen Libellen
silbrige Grüße
ein dunkler Käfer
stecknadelgroß
durchquert das Blatt –
wüßte er nur
Versende Stopp
Fall ins Gras
vielleicht hat er recht
unter den Halmen kühl
beschwört er rücklings
den Sommer

Trouvaille II

an irgendeinem Mittwoch
auf der Studentenbude
zu unrecht in Verdacht
nichts geschah und alles
wurde geflüstert auch
am Tage wußte so recht
niemand warum

Rückschau

weit hinter uns ...
das zerbrochene Haus
Splitter und Schutt
Brocken. Der Ahnen
Hänselundgretelweg
Stiefkindergeschick

delirio de poeta

I

stell dich ein
Vergessen droht
Unruhe wächst
in die Enge gedrängt
den kürzeren ziehn
wieder ein Stück Seele
fort deine Erstfassung
hinkt alles schon mal
auch bei kleineren
Meistern spukts
drückts aufs Gemüt
worum gehts eigentlich
nicht ums Aufwärmen
kalten Kaffees

II

hier an der Traumnaht
laß dich nieder
hör auf den Atem
am Ufer die Fülle
betäubenden Schweigens
tanzende Schatten
von Bären und Elchen
auf Dächern und Türmen
Einsicht in Tiefe

III

auf der Suche
nach der schlafenden Muse
verfängt sich die Wärme
eines wächsernen Lächelns
um den steinernen Spalt

Exilfoto

vom ersten Umzug
als wir da hockten
auf abgetretenen Stufen
den Rücken zur Kindheit
auf den Lastwagen wartend
Vaters murmelndes Unken
unwiederbringlich: Jahre
Fusel Freunde –
eigen gar nichts
außer uns

Muttermilchstories / Berlin 33

I die Rettung

modrig
das zeitlose Sofa
in verräucherter Bar
knarrt das Podium
Sprüche dagegen
Scherenschnittköpfe
verdecken die Sicht
von der Treppe AUS
wird unterbrochen
RAUS AUS DEN LÖCHERN
es brennt

Muttermilchstories / Berlin 38

II der Abschied

Personal
umständehalber
beurlaubt

drin schnell gepackt
mit dir im Halbdunkel
trotz Visum und Karte
Land unauffindbar –
draußen Geschnörkel
MILCH/SAHNE/TÄGLICH
SEIT ANNO?vergebens
baumelt das Schild
frisch für die Kunden
mit Blei noch gekritzelt:

zahlen
wenn alles
vorbei ISS

Muttermilchstories

III der Epilog

hältst dir Silhouetten
auf Zeittafeln fest
schneidest und klebst
stehst auf und gehst
von Mensch zu Mensch
stellst ihnen nach
zur Erinnerung?

cala

amanece / la barca
meciendo silencio
aposento de siglos
bien o mal enjamada
cómplice de los dioses
aguarda

im Café

sin pretensiones
drangetippt
cógela Pause
auf eisernem Fuß
blechern marmorn
cuenta la tiniebla
bricht auf dem Stein

un dos vuelta a empezar
sich Gefangenes entlädt
mientras respires
se haga verso

Freud 1939 木

das Totem vor der Tür
Tabus lauern im Pfahl
die perfekte Maschine
schafft sie nicht fort
Beklemmung ? Zwang ?
wir feiern.gefährlich
aberinguterGesellschaft
Feste. wie Schuppen
von den Augen.Fallen
jedesmal : Wundern
über die Brandstelle
nach dem Augenwischen
Griff zum Handschuh
jemand könnte merken,
daß auch du ...

(1989)

ab
und zu Freude
kein Abtun
Wende
offener Wunden
Frösteln
daß ein Schandmal
Souvenir werde
Alp
    und zu Schauer
trennt ein Brocken
Angst
daß ein Glied
Alp
    und zu Bruch
wirf nicht
fang die Lehre
vom Leid
daß Fresken
niemand überfahre

betroffen

I
keine Bö
weht sie fort
Umrisse Orte Figuren
gezimmerte Landschaft
inszenierte Innenräume
fallen allmählich fremd
auf dich zurück

II
brisa de tango
cumparsita de callejón
en el fondo burgués
te saluda una niña
que no te ve

III
wie
wir den Stacheldraht
aufgerollt wegstelln
der letzte Brocken
auf dem Sims
sich Kreuze
um ihre Achse drehn
auf Geflüster hörn
den Duft einatmen
den der Morgen enthüllt

IV
leichtsinnig
a pie silencioso
einen verschmitzten Blick
ins Romanische
o a la Estrella del Sur
Erstarrte wachgerüttelt
Salzsäule?
más que un mal sueño
los ojos vueltos a la vida
auferstanden sie reiben
Requisiten zurechtgerückt
moviendo bambalinas
Stift Palette *copa y color*
cumpliendo ritos
als ob nichts sei

seguiremos buscando
lo que llevamos dentro
esperando que alguien
se ponga a escuchar

V
cubriéndote el rostro
hurgarás en tu mente
con una larga trenza
de norte a sur
tirarás un cabo
ya vuelto gris
para pescar el son
de un tamboril

unterwegs

vom Staubland
abgetrieben
ankerbereit

del mar del mar
vengo del mar
a la laguna

Vene / dich
Sterbende
getaucht
vor dem Vergessen
wieder zu bergen

del mar del mar
vengo del mar
oro y silencio

Cala D'Or

II

ziehe auf meine Insel –
die schwarze Felsbucht/
wo der Meeresspiegel
die Sinne blendet,
birgt sich ein Rauschen
bis der Wellenkamm aufsetzt –
mich an Land spült

I

spüre den Sand –
auf die smaragdene Burg
legt sich dein Aug/
auf die Lippe das Salz
stiehlt dir der Wind-
wenn es zum Abschied kommt

Dichtungsring-Lesung 1995 – im Bonner *Buchladen 46*

Stehend v. l. n. r.: Ulrich Bergmann, Ines Hagemeyer,
Irmtraut Petersson

Ines liest im *Buchladen 46*

Dichtungsring Nr. 23/1995 *(Translatio)*

immer

wenn ein Zug stehen bleibt
werden Weichen gestellt
Unaufhaltsames geboten
fallen Verletzte auf das Gleis
Hände kommen zum Gruß
bewegt er sich endlich
folgt sticht ein bitteres Aug
kommen Antworten zu spät

eine Zeit

jenseits der Zeit
voller Einschußlöcher
Doppelbildlandschaft
das Gesicht des Krieges
mit den Totenköpfen
der Lebenden

correspondencia

te dejaré una carta
en un sobre arrugado
de tanto manosear
temblorosa la letra
por el análisis
dirán
una de tantas
la dejaré
relatando
una historia
única bella
y con una sonrisa
de malicia tenue
incapaz de explicar
la echaré para ti

flußabwärts

im Einbaum
am Ufer entlang
durch das Dickicht
lehmiger Gruß
fast still
an allem vorbei
hob sich das Grün
vom Grund ab
und schrieb Blumen
aufs düstere Wasser
das Unheimliches barg
ohne wirklich zu schaun
den Abbruch verklärt
den Morgenduft
die Schreie
als der Urwald noch sprach
war es kühl
während der Abend
Wunsch blieb
wurde irgendwo
in der Mittagsglut
synchron gestochert

Djang*

fern/nah
wenn sich die Erde
unter die Nägel gräbt
liegst du da
unter dem Sternenglanz
fern/nah
zum Greifen
verzahnt
Tod/Leben
mit dem ersten Strahl
morgenumnebelt
tief der Sog
vor dem Krähenruf
: the aboriginal dream
of down under

Gibb River Road, 96

---

* Djang: sacred power emanating from the Dreaming

Schaum/Stoff

manchen Schaum
trauen wir uns abzuschöpfen
der sich uns verweigert
fällt ein/sinkt/   zergehend
legt er Kiesel & Muschel Freitag
abgestanden im Glas
oder am Fuß eines Vulkans
so vor dem Mund
als eines Tobsüchtigen Stoff

eines Tages
wird gar dein Blut
zu Schaum
aber das

gehört zu einer anderen Geschichte

Schaumstoff II

synthetisch
pflanzlich
wasserlöslich
ein Stoff
dubioser Herkunft?
mal trocken
mal ergiebig
daraus lässt sich
was machen
nur die Fülle
verbaut den Blick
dann geht er aus
swar halt nur Schaum-
Stoff

Stück-

werk
Dein aufgegebenes Land
kaum geschlüpft
sprach mans dir ab
mitdemwasdanochwar
irgendwo tief
trug man dich
übers offne Meer

bis dich der Spuk
hinter dem Horizont verbarg

die See schien still
duzogstdasSegelein
hobst offenbartest
löschtest die Fracht
Vorsicht zerbrechlich
Behutsam Stück für Stück
und doch   nie ganz

Fragment

Zeitausschnitt
Niedagewesenes
auf den Brettern ...
im Lichtschein
wälzt sich der Held
allein mit seiner Angst
fort zog der süße Klang
die bezaubernde Lüge
Fruchtaroma & Ekelgeruch
Maske Kostüm Gebärde
verheißen ein Gestammel
das nicht im Text steht

Land/schaft

ohne Vorwarnung
ragt er aus dem Schatten
der fremdgewordne Ort
das überkommne Grauen
breitet sich aus
in Rot & Weiß
eine Leere im Blick
verrät vorerst
Entwarnung

Flucht

vor der bedrohten Stille
im freundlichen Stimmenmeer
über die Grenze
wo Schreie verhallen
Farben Düfte & Klänge
Beschwichtigendes
Konturen annimmt
Herausgebrachtes
im Schwund der Sinne
wieder abrufbar wird

na &

von
Fremdland zu Fremdland
zog dich die Ebbe
du fühltest dich wohl
in den Fluten
es spielte sich aber
unter den Küsten ab
die dir vertraut warn
Schwimmen lerntest du
&
beim Abtauchen
gabst du bald auf
ein
vertraut Fremdes
das Selbstgespräch
als wir / du und ich
Verdunkelung probten
(geübter Griff)
blitzten verglühend Sterne auf
(vor ihrem Untergang)
zu Gebilden geworden
verwarfen wir sie
um uns erneut
den Angriffen
zu stellen

Trauerarbeit

verendete Formen
bannen sich
durch die Glut
zurückgespult
auf der Geisterbahn
mit dem rollenden Kindertransport
ein struppiger Teddybär
unter den Verlorenen
erstarrte Blicke
in ätzendem Geruch
ein letztes Aufbäumen
kein Aufschrei im Gebet
- wenn sich der Zug
im Abendrot verfängt

TREIB/haft

von der Glaskuppel tropfts
kein Einlass
für den dichten Schnee
der sie umhüllt

auch wenn es taut
bleiben Klopftöne monolog

& die Erinnerung
rankt sich
um den schweren Duft

wenn auf dem dunklen Wasser
der verlassne einbaum
stumm am Ufer treibt

Déjà vu

unerreichbare Stille
je leiser die Trauer
umso mehr
bricht Verheiltes auf
wird die Behausung gläsern
liegt der erste Stein wurfbereit

Dichtungsring Nr. 33/2005 *(Ende der Wirk-lichkeit)*

Abschied

aus Sternenstaub

rasend der Sturz

auf das Blau

begann dein Licht

im Ablauf der Tage

den Wechsel zur Nacht

verlosch die Spur

unter dem wachenden Blick

auf deinen Atem

tja

so oft wie nur möglich
dem Gespinst zu folgen
das damals abhob
sich zu erinnern
nicht an die Leere
der erzwungenen Pause
die als Stille
noch unhörbar war
als ein magres Etwas
an die Bettkante stieß
und sich Welt vorstellte
da kam es schleichend
und du begannst zu horchen
auf das Stimmenkonzert
das fortan flüstert
bewohnt sei deine Stille
mit Leben & Landschaft
Morgenröte & Klang
versuch nur
sie zu entziffern
diese Botschaften
der Stille
die nicht nur dir gehörn

Clair de lune

kein Meer der Ruhe
durch den Einschlag von Brocken
aus dem Luna
noch verklärt
dir Liebe entwirft

ohne Antwort
auf das
was die Frau im Mond soll
nach all dem Grübeln

den lille Havfru (kein Märchen)

als ich aus dem Meer stieg
wurde meine Liebe nicht erwidert
und ich musste eure Welt verlassen
da ließ mich ein Künstler
in Bronze auferstehen
da saß ich nun jahrzehntelang
bis mir einer den Kopf absägte
Ihr wart empört
und ich bekam rasch meinen Kopf wieder
seitdem konnte ich ungestört
vom Felsen Ausschau halten
mal in die Tiefe
mal graziös posieren
doch seit einiger Zeit
eilen unablässig Tränen
und suchen mich in der Tiefe

schau

zwischen uns
schmiegt sich ein Blatt
das wir über Jahre füllten
aufgefordert
es endlich zu entziffern
verweigern wir die Auskunft
es könnte ja
auch Kostbares preisgeben

Findel

ausgesetzt –
dem Boden entzogen
zeichnest du Konturen
zunächst in der Luft
als Bestimmung deines Seins
auf einer Fläche
die das Gleichgewicht
zwischen den Lauten sucht
endlich die Nähe
um Geheimnisse zu lüften
wenn auch nur
auf dem Papier

Hilde Domin
(1907-2006)

In memoriam

ins Unendliche
werden Landschaften ziehn
Wurzeln vereinzelt ankern

& wir

im wachsenden Schatten
des dunklen Mangobaums
& der Kastanie

widerstandslos
neu ausgesät
ihren Duft wahrnehmen

Ines Hagemeyer in Eupen beim *Krautgarten* 1995 (rechts im Gespräch: Robert Schaus)

indignación

was fällt dir ein
cabecita hueca[1]
mit deiner Angst
er hat / wird
uns nie was
sigue soñando[2]
den treuen Begleiter
kennst du nicht?
ich weiß
con la muerte dulce[3]
que te hace flotar[4]
du bleibst konfus
verwechselst Tod
mit Sterbensleid
cabecita piensa[5]
vor dem Leben

---

1 Hohlköpfchen
2 träume weiter
3 vom leichten Tod
4 der dich obenauf treibt
5 Köpfchen bedenke

der aus den Fugen
geratenen Welt
que seguirás entre nubes[6]
vor Folter & Mord
der überschrittenen Grenze
aller Scham
arropada en la gloria[7]
fürchtest du dich nicht?
vor dem Verlust der Demut
davor hab ich Angst
desde la cuna[8]
hasta el momento de morir[9]

---

6 wirst unter Wolken
7 selig gebettet
8 von der Krippe
9 bis zum Tod

hautnah
der Überrest
lang eingeschweißt
in Schwarz / in Weiß
Kunstgriffe
Überschlag zur Täuschung
jauchzende Höhenflüge
Sturz in Bedrängnis
kaum greifbar
Schatten flüchtig
arg zeitversetzt
gar einsehbar
: die Zeichen
deines KÖRPERS

Sitz des Lebens

löst sich der Rausch
finde ich auf deinem Leib
deutbare Zeichen
von Makel & Leid
Freude & Lust

ruhig atmend
schützt dich ein Lächeln
ein wärmender Hauch
treffen sich wissend
die Blicke
ganz nah

Klarsicht

legt sie sich auf die Seite
lauscht sie ihrem Puls
gleichmäßig schlagen
eine vernachlässigte Erfahrung
sobald das Pochen aussetzt
wird man dem Endgültigen
mit der gewohnten Unwissenheit
fragend gegenüberstehn

somatisch

eingeigelt im Sessel
mit Blei & Papier
beim Aufspürn
von Asche & Blut
lässt dich
die schweigsame Erde
nicht ruhn

dichotomische Schatten
entkörperter Wesen
täuschen wehren ab
gliedloses Tappen
wirres Zusammenspiel
bis sich dein Pflügen
in endlosen Bahnen
verliert

GEGEN den Strom
hält das Peitschen der Wellen
hellwach
während das Streifen der Flaute
Alarm schlägt
kehr ich südwärts
den Blick auf das Frühjahr
an der Hecke vorbei
wo Kaminrauch
die Kronen durchkämmt
zum Wald hin
ragt ein Segelschiff
auf glitzerndem Wasser

Los/-los

eines Tages
riecht man kurz an der Decke
bevor das Zeug
zur Schmutzwäsche kommt
eines Tages
räumt man den Schrank aus
bevor die Kleider
zur Sammlung gehn
eines Tages
werden Urkunden Briefe
in einer Kiste landen
bevor man sentimental wird
eines Tages
die Frage
wem um Himmels Willen
dies & jenes noch nützt
was soll nur mit den Büchern
die sich türmen

eines Tages
werden Schätze
zu Gerümpel

Dichtungsring-Versand an Abonnenten und Autoren
(Nr. 39 *Unrast*) in Bonn-Holzlar

du?

dich treffe ich
nur in der Stille
du lenkst mich mit Mut
zu den Worten
den Rhythmus den Sinn
netzt Zunge & Lippe
blickst mit Geduld
auf die Zeile
die endlich entsteht

dein Antlitz entglitt mir
deine Augen dein Blick
schwammen davon

ich zweifle & frag mich
wem du gehörst
& wüsste zu gern
wer du bist

Exil II

jedem gehört
ein Ort & eine Zeit
stiehlt man
den Ort
wird er ihn suchen
bis ans Ende
seiner Zeit

ich trage
die Stille meines Ortes
durch die Zeit

Offenbarung
bei geschlossenem Aug

Gegenwehr

geschmeidig Gemach
inselig
Räkelgähnpose
nicht aufzuschrecken
durch Ton & Licht
die den Morgen ankündigen

stirnfaltig
auf & ab
Bedrängnis
warten ob Einfälle

setz dich
nimm schon den Stift
bleib
ich bins

Grenzen

das ausgeworfene Netz
lässt mit den Jahren
Großkörniges durch

II
sonne ich mich
im Glanz der Worte
berühren mich Schatten
& es wird still

III
eine gedämpfte Unschärfe
im überschaubaren Horizont
zwingt uns
noch in Schweigen verwoben
mit ihren Zwischentönen
wenigstens versuchen
auf den Punkt zu kommen

IV
dein in Stille
eroberter Raum
setzt Zwiesprache frei
hält dir
den ruhigen Blick
offen

Vier Bonner Literaturzeitschriften stellen sich vor – Ines
Hagemeyer und Ulrich Bergmann

KARUSSELL

hinsteuernd auf das Ende
stellen wir alles auf Anfang
-.-.-

Expedition

oft
hinter meinem Ich
in die Du-Rolle geschlüpft
um Ausschau zu halten
auf Entdeckungsreise
nicht nur um Neugier
zu stillen

tagaus tagein
mit wechselnden Masken
unter einer Tarnkappe
die Welt zu erkunden
Schätze aufspürend
rate ich dir

-.-.-

Höhenflug

welch Dreistigkeit
ein Ross mit Flügeln auszustatten
im Regen irrenden Sternenlichts
die Mähne fest im Griff
auf seinem Rücken reitend
sich mit dem All zu berauschen

-.-.-

alto vuelo

qué petulancia
ponerle alas a un caballo
galopar bajo una lluvia
de estrellas errantes
que iluminan su dorso
prenderse de sus crines
para embriagarse de universo

-.-.-

Alfons Knauth im Haus an der Redoute Bad Godesberg

perspektiv

hinter den Wassern
der Sonnenaufgang
zaghaft versprach er sein Licht
einem Schweigsamen
unter dem Nebel am Ufer
beseelt er den Strom
setzt den einsamen Angler
ins Bild

-.-.-

wenn

wenn ein paar Mumien
Gestalt annehmen
gar ein Zombie
in deinem Zimmer auftaucht
hast du zu lange
zwischen Bücherseiten verbracht
wenn dich eine Romanfigur
in ein Gespräch verwickelt
wird es höchste Zeit
das Fantastische zu verlassen
das dich seit Kindertagen begleitet
wenn du weiter
nach ihrem Schicksal
in den Gehirnen fragst
die in Bibliotheken Runden drehn
wird sie von all dem Staub
längst allergisch reagieren
und wenn du
erneut im Halbdunkel
deines Zimmers sitzt
hab keine Hemmungen
geh hinaus in die Sonne
atme tief ein
und genieße
das Ende dieser Verse

-.-.-

cuando

cuanda unas momias
te ofrezcan su presencia
se aparezca un zombi
por tu cuarto
es que has pasado
demasiado tiempo
entre páginas de libros
si un personaje de novela
se pone a hablar contigo
es hora de dejar lo fantástico
que te acompaña desde niña
cuando mantengas la osadía
de preguntar por su destino
de vivir en cerebros
que rondan bibliotecas
ya sufrirá de alergia
al polvo que ha tragado
si tú estás nuevamente
en la penumbra de tu cuarto
no titubees en salir
al sol de la mañana
respirar hondo
y disfrutar
de la conclusión
del verso

-.-.-

Ines Hagemeyer liest im Haus an der Redoute Bad Godes-
berg am 30.9.2011

& meditierend

wird der Tag kommen
an dem hinter dem Wort
Woge & Brise verschanzt
mich davontragen
& wenns zu weit geht
werd ich wieder
das Schweigen
übersetzen

-.-.-

& meditando

llegará el dia
en que detrás
de la palabra
la ola del mar y la brisa
me llevarán a escondidas
y cuando haya llegado
demasiado lejos
volveré a traducir
el silencio

-.-.-

Dichtungsring Nr. 41 / 2012
(Einfach Kind sein)

Lektion 1

spielte ich
Himmel & Hölle
ließ ich mich
von anderen
Kindern betrügen
das Spiel

lección 1

blieb Versuch
die Striche

jugaba

schon verblasst

a la rayuela

lehren den Stein

dejándome engañar

mit Vorsicht

por otros niños

zu werfen

el juego
sigue ansayo
las rayas
ya borrosas
enseñan
a tirar la piedra
con cuidado

analytisch

aus der zur Schliffe
gewandelten Vision
zwischen Alpha & Omega
unumkehrbar vernetzt
die kristallene Zitterung
im Provisorium
Atem & Licht
scarlet

irreal

fänd ich den Zauberweg
dahin
zu dem der ich mal war
trieb ich die Unrast aus
wodurch ich eiligst wuchs
verworfen hätt ich längst den Alp
der sich in mir vergrub
löste den Knoten
der mich zum Schweigen zwang
und würde sprechen

Zweite Welt

Sickern Tagesreste
in meine Traumwelt
eröffnet sich mir
Unerahntes
der Zeit trotzt
eine weinende Uhr
dem Schmerz
bunte Pillen
die auf meinem Kopf
Runden drehn
Gewehre krümmen sich
begehen tonlos Suizid
kühne Ideen legen sich
in ein Blumengrab
Ophelia steigt aus dem Fluss
schüttelt sich
& fällt mir in die Arme

Pedro Calderón de la Barca
(1609-1681)
La vida es sueño. Escena XIX
Príncipe Sigismundo (En la torre)

Es verdad; pues reprimamos
Esta fiera condición,
Esta furia, esta ambición,
Por si alguna vez soñamos;
Y sí haremos, pues estamos
En mundo tan singular,
Que el vivir sólo es soñar;
Y la experiencia me enseña
Que el hombre que vive, sueña
Lo que es, hasta despertar.
Sueña el rey que es rey, y vive
Con este engaño mandando,
Disponiendo y gobernando;
Y este aplauso, que recibe
Prestado, en el viento escribe;
Y en cenizas le convierte
La muerte (¡desdicha fuerte!)
¿Que hay quien intente reinar,
Viendo que ha de despertar
En el sueño de la muerte?

Pedro Calderón de la Barca
(1609-1681)
Das Leben ein Traum. Szene XIX
Prinz Sigismundo (Im Turm)

Ja, das stimmt. Zügeln wir
diese wilde Natur,
diese Wut, diese Gier,
falls wir einmal träumen.
Doch, das wollen wir tun
in dieser sonderbaren Welt,
denn das Leben ist nur Träumen.
Und die Erfahrung lehrt mich,
dass ein Mensch, der lebt, träumt
was er ist, bis er erwacht.
Der König träumt er sei König,
und er lebt mit diesem Trug;
er befiehlt, verfügt, regiert.
Den Applaus, der nur geliehen,
schreibt er in den Wind.
Und zu Asche wird er durch
den Tod. (Was für ein Schicksal!)
Wer versucht dann noch zu herrschen,
wenn er sich im Todestraum
erwachen sieht?

Sueña el rico en su riqueza,
Qué más cuidados le ofrece;
Sueña el pobre que padece
Su miseria y su pobreza;
Sueña el que a medrar empieza,
Sueña el que afana y pretende,
Sueña el que agravia y ofende,
Y en el mundo, en conclusión,
Todos sueñan lo que son,
Aunque ninguno lo entiende.
Yo sueño que estoy aquí
Destas prisiones cargado,
Y soñé que en otro estado
Más lisonjero me ví.
¿Qué es la vida? Un frenesí;
¿Qué es la vida? Una ilusión,
Una sombra, una ficción,
Y el mayor bien es pequeño;
Que toda la vida es sueño,
Y los sueños, sueños son.

Von seinem Reichtum
träumt der Reiche,
glaubt sich dadurch besser versorgt.
Der Arme von Elend und Armut.
Es träumt, wer vorwärts kommt,
Es träumt, wer ehrgeizig prahlt.
Es träumt, wer beleidigt und kränkt.
Kurzum:
In dieser Welt träumt jeder,
was er ist,
wenn es auch keiner begreift.
Ich träume, dass ich hier gefangen bin,
von diesen Fesseln beschwert.
Auch ich träumte,
dabei sah ich mich
in einem besseren Zustand.
Was ist das Leben? Tobsucht, Raserei.
Was ist das Leben? Sinnestäuschung,
Schatten, eine Fiktion.
Und gering das größte Gut.
Denn alles Leben ist Traum.
Und die Träume bleiben Träume.

Lesung des Dichtungsring im *Haus der Vielfalt*, Bonn, Brüdergasse. – V.l.n.r.: *Ulrich Bergmann, Theodor Payk, Horst Saul, Franz Hofner, Susanne Schmincke, Monika Lamers, eje winter,* Uwe Mackert, Dominik Dombrowski, *Ines Hagemeyer, (Dichtungsringer* kursiv)

II

denn

sie kommt
aus dem Höllenreich
verplombt im Waggon
über rostige Schienen
die warmgebliebene Asche
aus heiterem Himmel
auf uns zu

I

du

wagtest mir
einen Ort zu zeigen
mit Bächen & Blüten
Flug- & Kriechgeschöpfen
du ludst mich ein
der Sonnenseite zu lauschen
doch ich verharrte im Schatten

2 x Werkstatt

Blickfang 1

ein schwacher Lichtstrahl
schiebt sich ins Bild
zu Figuren geformt
gibt er Rätsel auf
dicht verhangen
fast aufgelöst
wechseln sie ihre Posen
erfahrene Zeit
die sich tänzelnd entpuppt
& nicht ganz verlischt

Blickfang 2

wieder das Staunen
über den Papierkorb
die Suche
das Graben
tief unten im Wirrwarr
nach der zu einem Knäuel
unter geometrischem Muster
unkenntlich gewordenen Zeile
endlich legt ein behutsames Glätten
den ursprünglichen Einfall frei
bis auf weiteres

Präsentation der 45. *Dichtungsring*-Ausgabe (Globoglossola-lie) in der Bad Godesberger Parkbuchhandlung 24.6.2015. - V. l. n. r.: *Gerd Willée, eje winter* (i. e. Elke Trefz-Winter), *Ines Hagemeyer, Susanne Schmincke, Rita Kupfer, Michael Kohl,* Elena Pallantza, Doris Distelmaier-Haas, *Monika Lamers,* N.N., Stefan Zajonz, *Werner Pelzer, Francisca Ricinski,* N.N. *Alfons Knauth.* (*Dichtungsringer* kursiv)

Denise Freitas

A propósito de zéfiro

Mais precisa que outras de própria carne
tua tempestade veio dar em mim,
extenso braço de terra entre correntes
impronunciáveis.

Segundo a desordem guardo das tormentas
sequer ruído após as sobras do corpo
esse para quem o chão não há suspenso.

Agravo a possibilidade da calma.

Receio o cerne daquela tempestade
avolumando-se em esfumaço sem
auxílio do vento ou toda agitação,
ocupando desde o fim o continente.

Apropos Zephir

treffsicherer als andere
ins eigene Fleisch
traf mich der Sturm
als breite Landzunge
zwischen unaussprechlichen Strömen

im Chaos des Sturms
nehme ich nicht einmal
die Geräusche des Körpers wahr
der die Bodenhaftung verloren hat

erschwerend könnte Ruhe einkehrn

ich fürchte mich vor dem Aufblähn
wenn der Sturm sich in Rauch auflöst
zu Hilfe einzig der aufbrausende Wind
wenn die Erregung über den Erdteil
um sich greift

José Ruiz Rosas

POSEO un solo objeto y sólo un tiempo
y una mirada sola para el mundo
y este objeto es el cuerpo, y este tiempo
es el que rima el corazón, y el ojo
es el vehículo en que estoy viviendo.

Poseo amén de objeto, tiempo y ojo,
un lugar en mí mismo en que me encuentro,
y este lugar habita en tantas partes
y es tan ajena que en las gentes otras
a cada paso lo hallo y voy cogiéndolo.

Y es suficiente aquesto que poseo
para certificar que estoy muriendo
como cualquier vecino, y es bastante
para colmar los sueños y estar vivo
entre la somnolencia de un domingo
y es demasiado aún para mañana
en que quisiera estar sin pertenencias,
sin tantas posesiones en el fárrago.

ICH BESITZE nur einen einzigen Gegenstand
nur eine Zeit und einen Blick auf die Welt
und dieser Gegenstand ist mein Körper
und diese Zeit dichtet das Herz und das Auge
ist das Gefährt in dem ich lebe

neben dem Gegenstand die Zeit und das Auge
besitze ich den Ort in mir selbst
da wo ich bin
und dieser Ort bewohnt so viele Orte
und ist so fremd dass ich ihn bei jedem Schritt
in anderen Menschen vorfinde und ergreife

und das genügt um zu beweisen
dass ich genauso sterblich bin
wie jeder andere Nachbar
auch um Träume zu erfüllen
und am Leben zu bleiben
im Schlummer eines Sonntags
aber es ist viel zu viel für morgen
verweilen möchte ich dann
befreit von Hab und Gut
bei diesem Wirrwarr

zu Babel

& am Fuße des Turms
wächst das Gras

verharrn zwischen den Flüssen
widergöttlich verwirrt
bis ans Ende der Tage

nicht mächtig
der Sprache des Andern

& am Fuße des Turms
wächst das Gras

zu hoch ist der Turm
in den Himmel gebaut
über dem Flug des Adlers

& am Fuße des Turms
wächst das Gras

zeichnet sich gar ein Pfad ab
über Sprachgrenzen hinweg
um sich ein neues Reden zu teilen

& am Fuße des Turms
wächst das Gras

de Babel

& al pie de la torre
crece el pasto

permanecer entre ríos
en contra de lo divino trastornado
hasta el fin de los días

sin dominar
la lengua del prójimo

& al pie de la torre
crece el pasto

construída la torre
en lo alto del cielo
por sobre el vuelo del águila

& al pie de la torre
crece el pasto

se perfila acaso un sendero
más allá de los límites de un idioma
para compartir el nuevo lenguaje

& al pie de la torre
crece el pasto

DICHTUNGSRING CON BRIO

Mit dem Begriff „Globoglossolalie" als programmatisches Banner präsentiert sich die 45. Ausgabe des Bonner Dichtungsrings, unter der Federführung von Ulrich Bergmann und Ines Hagemeyer. Die Plattform stellt diesmal 45 Autoren aus aller Welt vor, das muss man in diesem Fall wörtlich nehmen, trifft man doch Autoren aus China, Frankreich, Brasilien, Griechenland, Israel, Italien, Altrom, Polen, der Schweiz, dem Iran und anderen Bezirken der Welt – „katholisch" also im ursprünglichen Sinn („kath'holon: über das Ganze hin, umiversal). Die Texte sind alle übersetzt, und die Beigabe des originalen Schriftbilds verstärkt noch den Eindruck eines geglückten Babels. Den Texten voran gestellt ist ein Dank an Eje Winter und Gerd Willée für ihre über dreißigjährige und nun (aus gesundheitlichen Gründen) beendete Mitarbeit am Dichtungsring. Im Editorial wird das Motto des Heftes als „weltsprachliches Lallen" erklärt: als „bewusste und unbewusste, wahnhafte und hellsichtige Unscharfe dichterischen Sprechens". Bilder – wie „gemalte Träume" – der in Spanien lebenden Malerin Gudrun Ewert begleiten die Texte.

DICHTUNGSRING
Zeitschrift für Literatur 45

GLOBOGLOSSOLALIE

Zu den 45 Autoren gehört auch der diesjährige Preisträger des Leonce-und-Lena-Preises, David Krause. Robert Schaus ist mit einem Text in seinen beiden Sprachen Deutsch und Französisch vertreten: „Du begleitest die Wörter im Labyrinth der Tage der Nächte …" Wohluend überhaupt – von Neundorf aus betrachtet – die reiche Präsenz des Französischen und anderer romanischer Sprachen, an Stelle der im Osten so häufigen Frankophobie. Natürlich verdankt das Heft seinen Übersetzern einen starken Anteil seiner Wirkung.

Diese Ausgabe ist ein Kunstwerk. Ware es mir gegeben, je eine Literaturzeitschrift zu komponieren, so sollte sie wie diese Ausgabe aussehen: Wagemut und Tiefe der Gedichte, Weltbewusstsein, ein freies, lustvolles Tummeln in den Sprachen und Kulturen, ein Vorgriff auf jenes Zeitalter, in dem alle Menschen einander unmittelbar in ihrer jeweiligen Ausdrucksweise verstehen, und als allgegenwärtige Schwester der Poesie: die Kunst. (bK)

Dichtungsring Nr. 45, Bonn, 164 S. Redaktion und Kontakt: redaktion@dichtungsring-ev.de

Krautgarten. Forum für junge Literatur. Nr. 66, Juni 2015, 34. Jg. S. 88

88

Commedia

nun locken aufs Neue
Harlekins Schellen
Pierrots Colombinen
Funken sprühend
beim Salto Mortale
ein Street Parade Hamlet
auf offenem Wagen
Ophelia im Whirlpool
aalt sich in Schaum
ein Handeln & Mimen
Gezeter & Lärm
im Scheinwerferlicht
Pauken Trompeten
beschallen die Bühne
von Text keine Spur
& quer hoch darüber
in wechselnden Farben
mit strahlendem Spruchband
SEINODERNICHTSEIN
endet die Szene

El reexilio
Rondo

dir ward der Ort zur Fremde
aunque la lleves dentro
verblasste Sprache
tu lengua materna
die Urlaute verrät
la pronuncias con temor
verstört schaust du vorbei
miras inmóvil
auf Straßen ohne Namen
no sales de tu asombro
mit aufgesetztem Glanz
extraño tu paseo
die Wiege stand da nicht
en tu ciudad natal
erneut Fragen im Schlepptau

Nachwort

Das *Nachwort* empfiehlt, den vorliegenden Gedichtzyklus noch einmal, dann aber von hinten nach vorne, auch sprunghaft, zu lesen. Damit folgt die Lektüre einer Grundfigur, die vielen dieser Gedichte einbeschrieben ist. Das gilt zuallererst für das letzte Gedicht, das den Untertitel *Rondo* trägt und dessen Haupttitel *El reexilio* heißt, frei übersetzt *Erneut im Exil*. Die in den beiden Titeln enthaltene Figur des Kreises bzw. der Wiederkehr bezieht sich gleichermaßen auf den Kontext des Zyklus wie auf den ihnen zugeordneten Text. Es ist ein ständiges Kreisen um die Themen Exil, Flucht und Zuflucht, Ortswechsel, Fremde, Verlust und Suche nach dem Eigenen, nach Ursprung und Ende, Gezeitenwechsel, ein bewegtes Dazwischen, im Medium des Meeres und der Sprachen, ganz nahe am Ufer der Stille. Des Dunkels auch. Des scheuen Verschweigens eines geahnten, aber nicht bekannten Geheimnisses. Auch des unsagbaren historischen Grauens. Im Zwiegespräch mit einem inneren Du werden Erinnerungen geweckt an Ingeborg Bachmanns und Paul Celans „Wir sagen uns Dunkles": „von Fremdland zu Fremdland // zog dich die Ebbe [...] das Selbstgespräch // als wir / du und ich // Verdunkelung probten" (*na &*).

Das ‚Eigene' des den Zyklus schließenden Rund-
gedichts *El reexilio* besteht in der Art und Weise,
wie die Fremdheit zwei- und zwiesprachig ge-
bannt wird. Thematisch soll das Fremde zunächst
überwunden werden durch die Rückkehr in die
Geburtsstadt: „en tu ciudad natal". Doch die ent-
puppt sich ihrerseits als Fremde, als Exil, also
erneutes Exil – „reexilio". Die Wege dort erschei-
nen namenlos und befremdend: „Straßen ohne
Namen [...] extraño tu paseo". Die gesuchte
„Wiege stand da nicht". Denn die Wiege wurde
einst ausgesetzt im Meer, auf der Flucht aus dem
Grauen, ins ultra-marine Exil. Wie die Wiege „im
Schlepptau" eines Exodus-Dampfers den Ozean
kreuzte, vom Haken schlagenden Kreuz zum
Kreuz des Südens trieb (*betroffen*), so ruft das er-
neute Exil nun der Geburtsstadt nur neue Fragen
auf – „erneut Fragen im Schlepptau". Somit öff-
net sich der im Schlußvers scheinbar sich schlie-
ßende Kreis des Gedichts und des Zyklus zu ei-
ner weiteren Suche im Sprachen- und „Stim-
menmeer" (*Flucht*).
Eine besondere Eigenart des Gedichts ist seine
textmusikalische Komposition. Während die mu-
sikalische und lyrische Rondo-Form nur in einem
eher lockeren Sinne gehandhabt wird, sticht eine
andere textmusikalische Form markant hervor:
die fugale und kontrapunktische Motette[1], ein
polyphoner Gesang mittelalterlichen und kirchli-

---

[1] Das Wort *Motette* ist abgeleitet vom lateinischen Wort
motetus (kleines Wort) im Einklang mit dem französi-
schen Wort *le mot* (das Wort).

chen Ursprungs, der sich sehr bald auf den weltlichen Bereich ausdehnte. Die Motette gab es auch mehrsprachig, wobei die einzelnen Sprach-Sequenzen fugal versetzt miteinander dialogierten, z. B. als lateinisch-französischer Kontrapunkt, wie dies schon anklingt in dem Binom *motetus-mot*[2]. Ganz ähnlich ist *El reexilio* aufgebaut. Es weist eine durchgehende Abfolge von deutschen und spanischen Versen auf, wobei die spanischen Verse *kursiv* als Fremdsprache markiert sind, bevor die Leser/innen gewahr werden, daß beide Sprachen sich wechselweise fremd und vertraut sind. Das Gedicht täuscht zunächst eine interlineare Übersetzung[3] vor, erweist sich aber sehr schnell als ein durchkomponierter Wechselgesang, ein integriertes Gespräch der Sprachen, in dem das bilinguale Ich mit sich selbst und seinen Fremd- und Muttersprachen Zwiesprache hält, und zwar auf klanglicher, syntaktischer und semantischer Ebene. Gemäß dem Genre der Motette

---

[2] Vgl. Marc Honegger, *Dictionnaire de la musique. Science de la musique*. 2 Bde. Paris: Bordas 1976. Vol. L-Z. Art. "Motet", S. 630-631.

[3] So ist der gesamte *Dichtungsring* 26 (1996) als Interlinear-Version eines spanischen Originals und einer deutschen Übersetzung konzipiert, und zwar in der Art eines *Boustrophedon* mit einem Wechsel linksbündiger spanischer und rechtsbündiger deutscher Verse (Enrique Gómez-Correa: *Las cosas al parecer perdidas / Die verloren geglaubten Sachen*, Hrsg. A. Knauth). Ines Hagemeyer hat einen ganzen Unterzyklus des surrealistischen Gedichtbandes kongenial übersetzt: "Cinco poemas secretos – Fünf geheime Gedichte" (S.107-124).

bilden die deutschen und die spanischen Sequenzen für sich gelesen einen eigenen Sinn und außerdem, indem sie sich zwischensprachlich ergänzen, einen spanisch-deutschen Gesamtsinn. Das Gesagte sei in geraffter Form vor Augen geführt[4]:

> dir ward der Ort zur Fremde
> *aunque la lleves dentro*
> verblasste Sprache
> *tu lengua materna*
> die Urlaute verrät
> *la pronuncias con temor*
> [...]
> *extraño tu paseo*
> die Wiege stand da nicht
> *en tu ciudad natal*
> erneut Fragen im Schlepptau

Mit dem Geburtsort wird auch die Muttersprache als Ursprung und Wiege des Ich gesucht, aber nur als eine ihm fremde gefunden. Letztendlich wird die gemeinsame Fremdheit von Fremd- und

---

[4] Der Gesamttext mit Übersetzung der spanischen Passagen ins Deutsche (unter Beibehaltung des Kursivdrucks) lautet: dir ward der Ort zur Fremde / *obwohl du sie in dir trägst* / verblasste Sprache / *deine Muttersprache* / die Urlaute verrät / *du sprichst sie angsterfüllt* / verstört schaust du vorbei / *unbewegt blickst du* / auf Straßen ohne Namen / *du kannst es einfach nicht glauben* / mit aufgesetztem Glanz / *fremd und seltsam dein Gang* / die Wiege stand da nicht / *in deiner Geburtsstadt* / erneut Fragen im Schlepptau.

Muttersprache zu einer ausgewogenen – indes labilen – Vertrautheit. So wie das *Findel* in dem gleichnamigen Gedicht, ohne festen Boden unter den Füßen zu haben, „das Gleichgewicht zwischen den Lauten" sucht. Anders gesagt: Das Leben wiegt schwer – die Dichtung wiegt es leicht. Im Sprachenmeer.

Der kontrapunktische Wechselgesang des zweisprachigen Gedichts könnte durchaus auch einer der Masken des lyrischen Ich auf der ozeanischen Bühne des Welttheaters zugeschrieben werden[5], am ehesten der Meerjungfrau (*den lille Havfru*) oder dem Meer selbst (*schau mal mira*[6]): „jene dichterische Sprache formen / esa lengua poeta // die das Meer auswirft / que el mar vierte".

Das Ureigene der modernen Motette wäre folglich eine fugale und polyphone Meer- und Mehrsprachigkeit, die im dichterischen Sprachwechsel und Wechselgesang ein flüchtiges „Stück" Heimat finden läßt (*Stück-//*werk).

Alfons Knauth

---

[5] Zum dichterischen Maskenspiel siehe insbesondere die Gedichte *Expedition, betroffen, Fragment, Commedia, den lille Havru.*

[6] Das meer- und sprachenspiegelnde Gedicht *schau mal mira* steht in Ines Hagemeyers Gedichtband *Bewohnte Stille* (2007), S.78.

Inhalt

FSC
www.fsc.org
MIX
Papier | Fördert
gute Waldnutzung
FSC® C083411

Zeitfracht Medien GmbH
Ferdinand-Jühlke-Straße 7
99095 Erfurt, Deutschland
produktsicherheit@kolibri360.de